Lesespurgeschichten

FÜR DIE

Johanna Berning

Wald-Abenteuer

inkl. Zusatzmaterial

Differenzierte Geschichten für den **Deutschunterricht**

Verlag an der Ruhr

Impressum

Titel
Lesespurgeschichten für die Grundschule
Wald-Abenteuer – Differenzierte Geschichten für den Deutschunterricht – inkl. Zusatzmaterial

Autorin
Johanna Berning

Umschlagmotive
Bettina Weyland

Illustrationen
Bettina Weyland

Druck
Heenemann GmbH & Co. KG, Berlin, DE

Verlag an der Ruhr
Mülheim an der Ruhr
www.verlagruhr.de

Geeignet für die Klassen 2–3

ISBN 978-3-8346-4876-1

Inhaltsverzeichnis

Liebe Lehrer*innen!

Die Entwicklung der Lesekompetenz ist eine zentrale Aufgabe der Grundschule. Im Kernlehrplan Deutsch für Grundschulen gehört die Lesekompetenz zu den vier großen Kompetenzbereichen, wobei das Nutzen von Lesestrategien einen der Hauptteile dieses Bereiches ausmacht. Doch wie kann man die Entwicklung dieser Strategien spielerisch begünstigen?
Die in diesem Buch enthaltenen Lesespurgeschichten unterstützen die **Entwicklung und Anwendung von Lesestrategien**, um das sinnentnehmende Lesen zu fördern. So müssen Textabschnitte genau gelesen und nach bestimmten Schlüsselbegriffen durchsucht werden. Während diese Aufgabe zunächst nach viel Konzentration und Arbeit klingt, vermittelt die Lesespurgeschichte durch ihren **spielerischen und spannenden Aufbau** genau das Gegenteil: Spaß und Motivation. Sie kann in ihrer **differenzierten Form** von verschiedensten Leser*innen bewältigt werden und zu mehr Motivation und Freude beim Lesen beitragen.

Die Leser*innen verfolgen dabei ein bestimmtes Ziel: Sie wollen einen **Lösungscode** herausfinden, der ihnen das Entschlüsseln eines **Lösungswortes** ermöglicht. Der Lösungscode kann jedoch nur herausgefunden werden, indem einzelne, nummerierte Textabschnitte wieder in die **richtige Reihenfolge** gebracht werden und so die ursprüngliche Geschichte wieder zusammengesetzt wird. Auf dem Weg verfolgen die Kinder Erzählungen aus dem Leben des Fuchses Neko, der mit seinen Freundinnen und Freunden im Wald viele Abenteuer erlebt und verschiedene Rätsel löst. Zudem lernen die Lesenden viele Tiere, Bäume, Pflanzen und Regeln des Waldes kennen und begleiten Neko bei seinen Erlebnissen. Dabei gilt es auch, Sackgassen und Fallen auszuweichen, denn nicht alle Textabschnitte sind Teile der Geschichte. Das **farbenfrohe Lesespurbild** zeigt den Kindern bei ihrer Suche den Weg und lässt die Geschichte lebendig werden.

Im Allgemeinen ist das Aufgabenformat der Lesespur für mich als Lehrerin eine wunderbare Art, die **Freude am Lesen** zu vermitteln und dabei ausnahmslos **jedes Kind mit einzubeziehen**, unabhängig vom aktuellen Stand der Lesekompetenz. Die Lesespuren in diesem Buch liegen daher in **dreifach differenzierter Form** vor. Damit auch für die schnellen Leser*innen gesorgt ist, können diese sich zusätzlich mit passenden **Rätselfragen** befassen. Schwierige Wörter können in einer **Wörterliste** nachgelesen werden, welche diese Begriffe einfach erklärt. Alle vier Lesespuren sind dem Thema „Wald-Abenteuer" gewidmet, sodass in diesem Zusammenhang Wörter gesammelt und Vorwissen über das Thema Wald ausgetauscht werden können.

Bei der Erkundung der Lesespurgeschichten wünsche ich Ihnen und den kleinen Leser*innen viel Freude!

Johanna Berning

Der Verlag an der Ruhr legt großen Wert auf eine geschlechtergerechte und inklusive Sprache. Daher nutzen wir das Gendersternchen, um sowohl männliche und weibliche als auch nichtbinäre Geschlechtsidentitäten einzuschließen. Alternativ verwenden wir neutrale Formulierungen. In Texten für Schüler*innen finden sich aus didaktischen Gründen neutrale Begriffe bzw. Doppelformen.

Einsatz der Lesespurgeschichten

Alle benötigten Materialien finden Sie in diesem Buch. Sie werden im Folgenden detailliert erläutert. Grundsätzlich benötigt jedes Kind für die Entschlüsselung einer Lesespurgeschichte Folgendes:

- **Anleitung** „So verfolgst du die Lesespur" (S. 10)
- **Lesespurgeschichte** in der entsprechenden Differenzierungsstufe (s. u., „Differenzierung")
- **Lesespurbild** (i. d. R. die Version mit Zahlen – zum Einsatz des Lesespurbildes ohne Zahlen s. S. 7, „Alternative")
- **Lösungsschlüssel** zum Entschlüsseln des richtigen Lösungswortes anhand der gefundenen Lesespur (jeweils hinter den verschiedenen Lesespuren als Kopiervorlage zu finden)
- ggf. **Wörterliste** (für Kinder mit Deutsch als Zweitsprache oder diejenigen, die noch Unterstützung bei unbekannten Wörtern benötigen – jeweils hinter den verschiedenen Lesespuren als Kopiervorlage zu finden)
- ggf. Arbeitsblatt **„Fragen für schnelle Füchse"** (für Kinder, die schon mit der Lesespur fertig sind und noch zusätzliche Aufgaben benötigen – jeweils hinter den verschiedenen Lesespuren als Kopiervorlage zu finden)
- ggf. **Lesespurkarte** zum Verschriftlichen der gefundenen Lesespur (S. 11)

Differenzierung

Jede der vier enthaltenen Lesespurgeschichten ist in drei **differenzierten Versionen** vorhanden. Sie können entweder selbst die Zuordnung zu den Schüler*innen durchführen oder Sie lassen die Kinder selbst entscheiden, welche Stufe sie sich zutrauen.

Wie unterscheiden sich die differenzierten Geschichten?

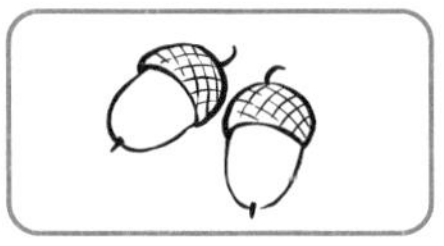

Einfache Version (Lesestufe 1): Diese Differenzierungsstufe enthält weniger Text und beginnt (ohne Vorgeschichte) direkt bei Abschnitt 1. Die wichtigen Schlüsselwörter sind in den Textabschnitten bereits markiert. Diese Version ist für schwache Leser*innen und Kinder mit geringeren Deutschkenntnissen geeignet. Sie enthält weniger Fremdwörter als die anderen Schwierigkeitsstufen und ermöglicht ein Erlesen auf Wortebene.

Mittlere Version (Lesestufe 2): Diese Differenzierungsstufe enthält eine Vorgeschichte und mehr Text zum Lesen. Die Schlüsselwörter sind nicht mehr markiert und müssen selbstständig erlesen werden. Dennoch sind die Textabschnitte kürzer gehalten. Diese Version ist für Leser*innen geeignet, die noch etwas langsamer lesen, jedoch bereits beim Lesen auf den Inhalt des Textes achten und somit Zusammenhänge begreifen können.

Umfangreiche Version (Lesestufe 3): Diese Differenzierungsstufe ist detailliert verfasst und enthält viele Nebeninformationen. Die Schlüsselbegriffe sind im Text eingebettet, sodass gute Leser*innen nicht schon im ersten oder letzten Satz der Abschnitte den Hinweis erkennen, sondern meist wirklich mitdenken und genau lesen müssen. Sie ist für leistungsstarke Leser*innen geeignet, für welche das Lesen selbst keine Herausforderung mehr darstellt. Diese Kinder können den Inhalt des Erlesenen schon besonders gut erfassen.

Einsatz der Lesespurgeschichten

Umsetzung der Lesespurgeschichten

Die Lesespurgeschichte eignet sich für das Trainieren der genauen und detaillierten Lesefähigkeit. Sie besteht aus einer Geschichte, die jedoch in einzelne Teile aufgeteilt ist. Diese einzelnen Abschnitte sind außerdem durcheinandergewürfelt. Die Aufgabe ist, die Geschichte wieder in die richtige Reihenfolge zu bringen.

Dabei gehen die Kinder mit folgender **Strategie** vor:

1. Sie lesen den Anfang der Geschichte und Abschnitt 1.
2. In Abschnitt 1 versteckt sich ein Hinweis oder Schlüsselbegriff, welcher durch genaues und detailliertes Lesen herausgefunden werden muss.
3. Wenn klar ist, welcher Schlüsselbegriff im nächsten Abschnitt vorkommen müsste, suchen die Kinder auf dem Lesespurbild nach dem passenden Objekt.
   Beispiel: Der gefundene Schlüsselbegriff ist „schwarze Katze" – so wird auf dem Lesespurbild nach der schwarzen Katze gesucht.
4. Die Kinder lesen bei dem Textabschnitt weiter, der die gleiche Nummer wie das passende Objekt auf dem Lesespurbild hat, und suchen den nächsten Schlüsselbegriff.
5. Während die Kinder ihre Lesespur Schritt für Schritt zusammensuchen, schreiben sie die Reihenfolge der Abschnitte auf (Zahlen). Dies können sie beispielsweise auf den ebenfalls in diesem Buch enthaltenen Lesespurkarten (S. 11) tun.
6. Die Zahlenfolge kann am Ende mithilfe des Lösungsschlüssels in Buchstaben umgewandelt werden. Dies dient gleichzeitig als Selbstkontrolle, da das Lösungswort nur korrekt ist, wenn die Zahlenfolge richtig herausgefunden wurde.

Die Strategie sollte zuvor einmal besprochen worden sein, sodass die Kinder eine Ahnung von dem Format und der Vorgehensweise zur Lösung einer Lesespur haben. Zusätzlich kann als Gedächtnisstütze die Anleitung „So verfolgst du die Lesespur" (S. 10) kopiert und verteilt werden.

Lesespurbild: Sie verwenden das Lesespurbild, bei dem die Figuren und Gegenstände nummeriert sind. Das Bild zeigt die Szenerie der jeweiligen Geschichte. Es kann mehrfach im Klassenraum aufgehängt, mittels Dokumentenkamera projiziert oder jedem Kind zur Verfügung gestellt werden. Sollten Sie keine Farbkopien des Lesespurbilds erstellen können, liegen alle Lesespurbilder auch in schwarzweiß vor. Hier können die Kinder anschließend noch kreativ werden und das Lesespurbild selbst kolorieren.

Für die Durchführung gibt es anschließend zwei Möglichkeiten:

Möglichkeit 1: Sie kopieren die drei Versionen der Lesespur, sodass jedes Kind eine Differenzierungsstufe komplett vor sich liegen hat. Hier kann auch festgelegt werden, ob die Kinder selbst entscheiden, welche Schwierigkeitsstufe sie wählen, oder ob Sie zuteilen, welches Kind welche Version bearbeiten kann.

Möglichkeit 2 (viel Vorbereitung): Die Lesespur kann zerschnitten und die einzelnen nummerierten Abschnitte an zwölf verschiedenen Stellen im Raum verteilt werden. Der Vorteil ist, dass die Kinder nicht starr auf eine Schwierigkeitsstufe festgelegt sind, sondern bei jedem Abschnitt neu entscheiden können, welche Schwierigkeitsstufe sie wählen (hierzu müssen für jede Schwierigkeitsstufe ausreichend viele Kopien vorhanden sein). Die Kinder können dann ihre Abschnitte zu einer Lesespur auf ein Blatt zusammenkleben. Dies motiviert oft dazu, dass die Kinder sich an schwierigere Optionen heranwagen und stolz sind, wenn sie einen schwierigen Abschnitt gelesen haben.

Am Ende der Lesespur finden die Kinder ein Lösungswort heraus. Dieses teilen sie der Klasse am Ende der Stunde mit. Alle Lösungswörter und richtigen Lesespuren finden Sie zur Kontrolle auf S. 48. Es ist außerdem sinnvoll, dass die umfang-

Einsatz der Lesespurgeschichten

reiche Version der Geschichte von einem Kind nacherzählt oder in der richtigen Reihenfolge vorgelesen wird, sodass auch die Leser*innen der Differenzierungsformen alle Details der Geschichte kennenlernen.

Alternative

Eine alternative Durchführung besteht darin, dass das Lesespurbild mit Nummerierung statt als fester Bestandteil eher als Hilfsmittel benutzt wird. Das bringt einen erhöhten Schwierigkeitsgrad mit sich, sorgt aber auch dafür, dass der Fokus noch stärker auf dem Lesen liegt. Die Kinder haben dann eine leicht veränderte Lösungsstrategie für die Lesespur (im Folgenden fett markiert):

1. Sie lesen den Anfang der Geschichte und Abschnitt 1.
2. In Abschnitt 1 versteckt sich ein Hinweis oder Schlüsselbegriff, welcher durch genaues und detailliertes Lesen herausgefunden werden muss. Wenn klar ist, welcher Schlüsselbegriff im nächsten Abschnitt vorkommen müsste, **lesen die Kinder die weiteren Abschnitte der Geschichte – so oft, bis sie den passenden nächsten Abschnitt finden.**
3. Die Kinder lesen bei dem Textabschnitt weiter, **in welchem sie den gesuchten Schlüsselbegriff wiederfinden, und suchen dann den nächsten Schlüsselbegriff.**
4. Während die Kinder ihre Lesespur Schritt für Schritt zusammensuchen, schreiben sie die Reihenfolge der Abschnitte auf (Zahlen). Dies können sie beispielsweise auf den ebenfalls in diesem Buch enthaltenen Lesespurkarten (S. 11) tun.
5. Die Zahlenfolge kann am Ende dann mit dem Lösungsschlüssel in Buchstaben umgewandelt werden. Dies dient gleichzeitig als Selbstkontrolle, da das Lösungswort nur korrekt ist, wenn die Zahlenfolge richtig herausgefunden wurde.

Während das Lesespurbild mit Nummerierung in diesem Fall nur dann betrachtet werden darf, wenn die Kinder nicht weiterkommen, kann hier das ebenfalls immer mitgelieferte **Lesespurbild ohne Nummerierung** ausgestellt werden (farbig oder alternativ in schwarz-weiß). Es zeigt alle Charaktere und Gegenstände, sodass die Kinder durch das Betrachten des Bildes eine ebenso genaue Vorstellung der Geschichte bekommen. Hier fehlen jedoch die Zahlen, die den Kindern einen Hinweis auf den nächsten Textabschnitt geben. Die Schlüsselbegriffe müssen also durch das wiederholte Lesen der Textabschnitte herausgefunden werden. Mit dem Bild ohne Nummerierung behält die Lesespur aber ebenso ihren motivierenden Rahmen.

Einsatz der Lesespurgeschichten

Zusatzmaterial

Wörterliste

(jeweils hinter den verschiedenen Lesespuren als Kopiervorlage zu finden)

Die Wörterliste zeigt die möglicherweise noch unbekannten Wörter und Wald-Wörter der Lesespur in alphabetischer Reihenfolge auf und erklärt diese in einfacher Sprache. Insbesondere Kinder mit Deutsch als Zweitsprache können hiervon profitieren, die Wörterliste ist aber für alle Kinder gleichermaßen hilfreich.
Tipp: Hier kann auch ein gemeinsamer Wortspeicher für Wald-Wörter angelegt werden, welcher durch das Vorwissen der Kinder und das Lesen der in diesem Buch enthaltenen Geschichten stetig erweitert werden kann.

Lesespurkarte

(S. 11)

Auf der Lesespurkarte können die Kinder zu jedem Abschnitt die Schlüsselwörter eintragen, die sie zu dem nächsten Abschnitt führen sollen. So behalten sie den Überblick und können sich, wenn nötig, an das gesuchte Schlüsselwort erinnern. Auch mögliche Fehler können hiermit besser zurückverfolgt werden.

Lösungsschlüssel

(jeweils hinter den verschiedenen Lesespuren als Kopiervorlage zu finden)

Mit dem Lösungsschlüssel können die Kinder am Ende die Zahlenfolge, welche sie durch das Lesen der Textabschnitte herausgefunden haben, in ein Lösungswort umwandeln. Kommt dabei ein echtes Wort heraus, haben die Kinder die richtige Zahlenfolge gefunden. Dies dient der Selbstkontrolle, da die Leser*innen bei einem Fehler im Lösungswort noch einmal nachlesen müssen, um den Fehler zu korrigieren.

Fragen für schnelle Füchse

(jeweils hinter den verschiedenen Lesespuren als Kopiervorlage zu finden)

Der Fragebogen dient als Extraaufgabe für besonders schnelle Leser*innen, damit diese nach der Lösung der Lesespur eine passende Aufgabe bekommen. Sie können hierbei testen, wie genau sie die Geschichte gelesen haben, oder gegebenenfalls noch einmal nachlesen, wenn sie eine Frage noch nicht beantworten können.

Weitere Ideen

- Haben Sie einmal die Lösungsstrategie für die Lesespur besprochen, können sich die Kinder kleine **Landkarten** oder **Füchse** basteln, auf welchen sie die einzelnen Schritte der Strategie noch einmal aufschreiben. Dies dient der Verinnerlichung.
- Um die Motivation weiter zu steigern, können auch kleine **Lupen** angeboten werden, um die Textabschnitte beim Lesen optisch zu vergrößern.

Übersicht über die Lesespurgeschichten

Im Folgenden finden Sie eine Übersicht über die in diesem Buch enthaltenen Lesespurgeschichten sowie die passenden Zusatzmaterialien.
Eine **Anleitung** für die Kinder befindet sich auf S. 10, die **Lesespurkarte** finden Sie auf S. 11.
Die **Lösungen** aller vier Lesespurgeschichten befinden sich auf S. 48.
Alle **Lesespurbilder** sind am Ende des Buches zu finden – jeweils in Farbe und in schwarz-weiß, mit und ohne Nummerierung – ab Seite 49.

Spuren im Wald

Wer stapft da durch den Wald?

Das Geräusch im Brombeerstrauch

Die große Kröten-wanderung

Anleitung: So verfolgst du die Lesespur

Verfolge die Lesespur und hilf dem Fuchs Neko und seinen Freundinnen und Freunden aus dem Wald bei ihren spannenden Abenteuern.

- Lies zuerst Abschnitt 1. Suche nach einem Schlüsselbegriff, der dir einen Hinweis gibt, wo es weitergeht.
- Hast du den Schlüsselbegriff gefunden? Prima!
  Suche das passende Objekt auf deinem Lesespurbild.
  Beispiel: Der Schlüsselbegriff ist „schwarze Katze".
  Du suchst also die schwarze Katze auf dem Lesespurbild.
- Lies bei dem Textabschnitt mit der Zahl weiter, die bei dem gefundenen Objekt steht.
  Beispiel: Bei der schwarzen Katze steht die 5.
  Du liest bei Textabschnitt 5 weiter.
- Notiere die Zahl des Abschnitts auf deiner Lesespurkarte oder auf dem Arbeitsblatt.
- Suche nun wieder nach einem Schlüsselwort und dem passenden Objekt auf dem Lesespurbild.
- Mache so weiter, bis du am Ende der Lesespur ankommst.
  Jede Lesespur besteht aus 8 Textabschnitten.
- Nimm nun den Lösungsschlüssel zu Hilfe. Jede Zahl, die du auf deinem Weg notiert hast, steht für einen Buchstaben.
  Setze so das Lösungswort zusammen und schreibe es auf.

Tipps

Bist du in eine Falle getappt? Macht nichts!
Lies noch einmal genauer nach.
Wenn du ein Wort nicht kennst, schaue in der Wörterliste nach.

Lesespurkarte

Name der Lesespur: ....

Nummer	Schlüsselwort/Schlüsselwörter
1	

Lesespurkarte

Name der Lesespur: ....

Nummer	Schlüsselwort/Schlüsselwörter
1	

Name

Datum

Spuren im Wald (1/2)

Versuche, die richtige Geschichte zu verfolgen.
Beginne bei 1, zu lesen.

1 Neko, der kleine Fuchs, hörte **Yara**, **das Eichhörnchen**, rufen.

2 Da ist die **Eule Dora**. Sie hat ein fremdes Tier gesehen, das **Spuren auf dem Boden** hinterlassen hat.

3 Der Hase ist nicht gemeint. Gehe zurück und lies noch einmal genau.

4 Du hast **das Eichhörnchen Yara** gefunden! Es sagte: „Die **Eule Dora** hat etwas beobachtet."

5 Hier bist du zur falschen Spur gelaufen. Gehe zurück.

6 Toll! Du hast **Arlo, den Igel**, gefunden. Er sagte: „Ich habe kein fremdes Tier gesehen. Fragt doch **Fritz**, **den Buntspecht**."

7 Das Wildschwein ist nicht gemeint. Gehe zurück und lies noch einmal genau.

8 **Fritz, der Buntspecht**, rief: „Ja, das fremde Tier gehört dem Förster! Fragt das kleine **Reh**. Das kennt das Tier."

Spuren im Wald (2/2)

9 Du hast die **Spuren** auf dem Boden gefunden.
Prima! In der Nähe war ein **Ameisenhaufen**.

10 Als alle den **Ameisenhaufen** erreichten, sagte die Ameisenkönigin: „Ich habe nur **Arlo, den Igel**, gesehen."

11 Das ist ein Vogel. Hier bist du falsch.
Suche noch einmal nach dem richtigen Tier.

12 Das kleine **Reh** flüsterte: „Du hast die Spur gelöst! Klasse!
Das Lösungswort verrät dir, welches Tier im Wald für Unruhe gesorgt hat."

Lesespur: ◯ ◯ ◯ ◯ ◯ ◯ ◯ ◯

Entschlüsseltes Lösungswort: ....

Name

Datum

Spuren im Wald (1/2)

In einem kleinen, grünen Wald lebte der schlaue Fuchs Neko mit seinen Freundinnen und Freunden. Wenn die Sonne morgens durch die grünen Blätter schien und den kleinen Fuchs an der Nase kitzelte, erwachte er freudig. Dann flitzte er hinaus in den raschelnden Wald. Die Vögel zwitscherten wie jeden Morgen herrlich ihre Lieder und Neko streckte schnuppernd seine Nase in den Wind.
Doch so ruhig sollte es an diesem Tag nicht bleiben, auf Neko und die anderen wartete ein kleines Abenteuer …

Versuche, die richtige Geschichte zu verfolgen. Beginne bei 1, zu lesen.

1. Neko, der kleine Fuchs, sah sich um. Er war auf einer Lichtung gelandet. Schon hörte er Yara, das kleine Eichhörnchen, das in den Ästen einer alten Eiche saß.

2. Das ist die Eule Dora, du bist hier richtig. Sie sagte: „Ich habe ein fremdes Tier gesehen. Schaut euch die Spuren auf dem Boden genau an, huuhuu."

3. Dieses kleine Tier springt gern im Wald herum. Doch es ist ein Hase. Gehe zurück und lies noch einmal genau.

4. Du hast Eichhörnchen Yara gefunden! Aufgeregt sprang Yara von der alten Eiche und rief: „Endlich bist du da, Neko! Die Eule Dora hat heute Nacht etwas Spannendes beobachtet!"

5. Neko und Yara mussten doch nach dem fremden Tier suchen. Hier bist du zur falschen Spur gelaufen, gehe zurück.

6. Du hast Arlo, den Igel, gefunden. Er sagte: „Ich habe in der Nacht nur auf die leckeren Regenwürmer geachtet. Fragt doch Fritz, den Buntspecht."

Spuren im Wald (2/2)

7 Das kleine Wildschwein wühlte gerade in der Erde herum. Hier bist du zum falschen Tier gelaufen. Gehe zurück und lies noch einmal genau.

8 Schon von Weitem hörte man den Buntspecht Fritz klopfen. „Ja, das fremde Tier habe ich beobachtet", zwitscherte er. „Es gehört dem Förster. Doch ich habe keine Zeit mehr. Fragt das kleine Reh, es kennt das Tier."

9 Du bist hier richtig, es sind die Spuren auf dem Boden. In der Nähe der Spuren, unter einer Tanne, lag der große Ameisenhaufen. Dort wollten Neko und Yara die Waldameisen befragen.

10 Der kleine Fuchs und das Eichhörnchen sprangen hinüber zu dem großen Ameisenhaufen. Die Ameisenkönigin hatte in der Nacht nur den kleinen Igel Arlo beobachtet.

11 Dieser Vogel ist nicht Dora oder Fritz, obwohl er auch einen spitzen Schnabel hat. Suche noch einmal woanders nach dem richtigen Tier.

12 Neko und Yara flitzten durch den Wald, bis sie das kleine Reh erreichten. Dieses flüsterte: „Ja, das fremde Tier habe ich schon oft mit dem Förster herumlaufen sehen." Du hast die Spur gelöst, toll! Das Lösungswort verrät dir, welches Tier im Wald seine Spuren hinterlassen hat.

Lesespur: ○ ○ ○ ○ ○ ○ ○ ○

Entschlüsseltes Lösungswort: ………… ………… ………… ………… ………… ………… ………… …………

Name

Datum

Spuren im Wald (1/2)

In einem kleinen, grünen Wald lebte der schlaue Fuchs Neko mit seinen Freundinnen und Freunden. Wenn die Sonne morgens durch die grünen Blätter schien und den kleinen Fuchs an der Nase kitzelte, erwachte er freudig und war gespannt, was ihn an diesem Tag alles erwarten würde. Dann flitzte er hinaus in den rauschenden, knacksenden und raschelnden Wald. Die Vögel zwitscherten wie jeden Morgen herrlich ihre Lieder und Neko streckte schnuppernd seine Nase in den Wind. Doch so ruhig sollte es an diesem Tag nicht bleiben, denn auf Neko und die anderen wartete ein kleines Abenteuer …

Versuche, die richtige Geschichte zu verfolgen. Beginne bei 1, zu lesen.

1. Neko, der kleine Fuchs, sah sich um. Er war auf einer kleinen Lichtung gelandet. Hier traf er sich gern mit den anderen Tierkindern aus dem Wald. Schon hörte er Yara, das kleine Eichhörnchen, das in den Ästen einer alten Eiche saß.

2. Dieser Vogel kann nachts besonders gut sehen. Es ist die Eule Dora, du bist hier richtig. Sie sagte: „Huuhuu, heute Nacht kam ein fremdes Tier in den Wald und hat herumgeschnuppert. Schaut euch die Spuren auf dem Boden genau an, huuhuu."

3. Dieses Tier springt gern im Wald herum und sucht nach leckeren Kräutern und Gräsern. Mit zwei langen Ohren kann es alle Geräusche gut hören. Es ist ein Hase, doch diesen wollten Neko und Yara heute nicht um Rat fragen. Lies noch einmal genau.

4. Neko konnte das Eichhörnchen schnell an seinem puscheligen Schwanz erkennen. Du hast Yara gefunden! Aufgeregt sprang sie von dem alten Baum herunter und rief: „Endlich bist du da, Neko! Ich bin schon lange wach. Die Eule Dora hat heute Nacht etwas Spannendes beobachtet!"

5. Yara schien Hunger zu haben, doch es blieb keine Zeit, um diese leckeren Eicheln zu verspeisen. Sie mussten nach dem fremden Tier suchen. Hier bist du zur falschen Spur gelaufen, gehe zurück.

6. Das kleine Tier hatte sich in eine stachelige Kugel zusammengerollt und blickte verwundert auf. Du hast Arlo, den Igel, gefunden! „Ich habe in der Nacht nur auf die leckeren Regenwürmer geachtet. Fragt doch Fritz, den Buntspecht, er sieht von oben sicher alles."

Spuren im Wald (2/2)

7 Das kleine Wildschwein wühlte in der Erde herum und suchte nach leckeren Knollen und Wurzeln. Doch bei der Suche nach dem fremden Tier konnte es nicht helfen. Hier bist du zum falschen Tier gelaufen, gehe zurück und lies noch einmal genau.

8 Schon von Weitem hörte man den fleißigen Buntspecht Fritz, der gerade mit seinem Schnabel eine neue Höhle in eine Tanne hämmerte. „Ja, das fremde Tier habe ich beobachtet", zwitscherte Fritz. „Es gehört dem Förster und ist ihm sicher weggelaufen.
Doch ich habe keine Zeit mehr. Fragt das kleine Reh, es kennt das Tier." Und schon arbeitete Fritz weiter.

9 Neko und Yara blickten auf den Boden und entdeckten die geheimnisvollen Spuren. Du bist hier richtig. „Das war bestimmt ein Wolf!", rief Yara. „Oder ein großer Fuchs", überlegte Neko. In der Nähe der Spuren unter einer grünen Tanne lag der große Ameisenhaufen. Dort wollten die beiden die Waldameisen befragen.

10 Der kleine Fuchs und das Eichhörnchen sprangen hinüber zu dem großen Ameisenhaufen aus Tannennadeln und Holzstückchen. Die Ameisenkönigin hatte in der Nacht ein Tier gesehen, allerdings nicht das gesuchte, sondern eines mit kleinen Füßen und Stacheln: den kleinen Igel Arlo. Zu ihm liefen Neko und Yara als Nächstes.

11 Dieser Vogel ist immer in der Luft unterwegs und kann den Wald dort gut überblicken. Doch es ist nicht Dora oder Fritz, obwohl er auch einen spitzen Schnabel hat. Suche noch einmal woanders.

12 Neko und Yara waren schon ganz nahe an der Lösung. Sie flitzten durch den Wald, bis sie das kleine Reh erreichten. Das flüsterte: „Ja, das fremde Tier habe ich schon oft mit dem Förster herumlaufen sehen. Es ist sehr schnell, hat spitze Zähne und eine sehr gute Nase. Ich springe immer schnell davon, wenn ich es sehe." Du hast die Spur gelöst, toll! Das Lösungswort verrät dir, welches Tier im Wald Spuren hinterlassen hat.

Lesespur: ◯ ◯ ◯ ◯ ◯ ◯ ◯ ◯

Entschlüsseltes Lösungswort: ....

Spuren im Wald

Lösungsschlüssel

1	steht für	J
2	steht für	G
3	steht für	B
4	steht für	A
5	steht für	M
6	steht für	U
7	steht für	O
8	steht für	N
9	steht für	D
10	steht für	H
11	steht für	W
12	steht für	D

Spuren im Wald

Wörterliste

Wort	**Erklärung**
Ameisenhaufen	Haus von Ameisen
Buntspecht	Vogelart mit langem, spitzem Schnabel
Eiche	Baumart
Eicheln	Früchte von der Eiche (Baum) 
flitzen	schnell laufen
Förster/Försterin	Mensch, der sich um den Wald kümmert
Knollen und Wurzeln	wachsen unter der Erde, gehören zu Bäumen und Pflanzen
Lichtung	Wiese mitten im Wald
Schnabel	Mund von einem Vogel
schnuppern	stark an etwas riechen
Tanne	Baumart
Tannennadeln	Die Tanne hat keine Blätter, sondern Nadeln – sie sind spitz und hart
zwitschern	Geräusch, das ein Vogel macht

Spuren im Wald

Fragen für schnelle Füchse

1. Welche Waldtiere kommen in der Geschichte vor?

2. Was hat die Eule Dora gesehen?

3. Beschreibe in der richtigen Reihenfolge, wen Neko und Yara befragen.

4. Wen hat die Ameisenkönigin in der Nacht gesehen?

5. Wie sieht ein Fuchs aus?

6.   **Welche Baumarten kommen in der Geschichte vor?**

Name

Datum

Das Geräusch im Brombeerstrauch (1/2)

Versuche, die richtige Geschichte zu verfolgen.
Beginne bei 1, zu lesen.

1 Neko hörte ein komisches Geräusch aus dem Brombeerstrauch. Er wunderte sich und lief zu dem kleinen **Reh Juna**.

2 Die **Maus** lächelte schief. Sie versteckte etwas unter einem kleinen **Erdhügel**, den sie gerade noch mit den Füßen festklopfte.

3 Bald konnte Neko den **Hasen Anton** finden. Du bist hier richtig! Neko schnappte sich Anton und sie liefen zum großen **Brombeerstrauch** zurück.

4 Du hast die **Eule Dora** gefunden! Sie sagte: „Wenn ihr euch nicht traut, fragt doch die **Ameisen**, ob sie einmal für euch im Strauch nachsehen."

5 Dies ist leider der falsche Strauch. Gehe zurück und suche woanders weiter.

6 Du hast das kleine **Reh Juna** gefunden. Es sagte: „Ich habe nichts gehört. Frage doch den **Hasen Anton** um Hilfe."

7 Der kleine Igel Arlo sah Neko aufgeregt hin und her flitzen. Doch er konnte nicht helfen. Suche woanders weiter.

Das Geräusch im Brombeerstrauch (2/2)

8 Du bist zu Buntspecht Fritz gelaufen
– aber der ist zu beschäftigt.
Lies noch einmal genau nach.

9 Als die beiden Tierkinder die **Ameisen** gefunden hatten, krabbelten diese tatsächlich los und fanden eine kleine **Maus**.

10 Genau, das ist der **Erdhügel**. Die Maus sagte: „Darunter versteckt sich etwas, das ein Spaziergänger verloren hat. Damit habe ich gepfiffen. Was es ist, verrät euch das Lösungswort."

11 Richtig, das ist der große **Brombeerstrauch**. Anton flüsterte: „Das ist bestimmt ein Vogel. Wir sollten die **Eule Dora** um Rat fragen."

12 Das Eichhörnchen Yara ist heute zu beschäftigt für ein neues Abenteuer. Gehe zurück.

Lesespur: ◯ ◯ ◯ ◯ ◯ ◯ ◯ ◯

Entschlüsseltes Lösungswort: ....

Name

Datum

Das Geräusch im Brombeerstrauch (1/2)

Neko, der kleine Fuchs, streifte gern durch die Wiesen und Sträucher am Waldesrand und blickte hinaus auf die großen Felder. Hier konnte er Verstecken spielen oder mit anderen Tieren Wettrennen veranstalten. Oft saßen Vögel auf den dünnen Ästen der Beerensträucher und ließen sich die herrlichen Früchte schmecken. Doch an diesem Tag erweckte etwas anderes die Aufmerksamkeit des kleinen Fuchses …

Versuche, die richtige Geschichte zu verfolgen. Beginne bei 1, zu lesen.

1 Neko hörte ein komisches Geräusch, das aus einem der Brombeersträucher zu kommen schien. Wer das wohl sein mochte? Nicht weit von ihm entdeckte er das kleine Reh Juna und lief zu ihm.

2 Die Maus lächelte schief und klopfte mit ihrem rechten Hinterfuß noch etwas Erde auf einem Häufchen fest. Alle wollten wissen, was sie unter dem Erdhügel versteckte.

3 Bald konnte Neko den Hasen Anton finden. Der kleine Hase schaute den Fuchs verdutzt an: „Hey! Was ist denn mit dir los?“, fragte er. Neko lief mit Anton zum großen Brombeerstrauch zurück.

4 Sie fanden die Eule Dora schnell und erzählten ihr alles. „Es gibt keine pfeifenden Vögel im Brombeerstrauch“, lachte sie. „Wenn ihr euch nicht traut, fragt doch die Ameisen, ob sie einmal für euch nachsehen.“

5 Dieser Strauch trägt große, leckere Beeren. Doch es sind Himbeeren und keine dunklen Brombeeren. Dies ist leider der falsche Strauch. Gehe zurück und suche woanders weiter.

Das Geräusch im Brombeerstrauch (2/2)

6 Du hast Juna, das kleine Reh, gefunden. „Hast du auch eben dieses Pfeifen aus dem Brombeerstrauch gehört?“, fragte Neko. Juna erwiderte: „Ich habe kein Pfeifen gehört. Frage doch einmal den Hasen Anton. Er hört sicher alles.“

7 Der kleine Igel Arlo hatte von der Unruhe im Wald gehört. Doch er hatte gerade selbst viel zu tun und konnte sich nicht weiter darum kümmern. Suche woanders weiter.

8 Dieser Vogel kennt sicherlich alle anderen Vögel. Doch du bist zu Buntspecht Fritz gelaufen, der ist viel zu beschäftigt. Lies noch einmal genau nach.

9 Schnell flitzten Neko und Anton zu den Ameisen. Du bist hier richtig. Als die beiden Tierkinder den Ameisen von dem Geräusch erzählten, krabbelten diese tatsächlich zum Brombeerstrauch und fanden eine kleine Maus.

10 „Gut, gut!“, lachte die Maus. „Ihr habt mein Geheimnis entdeckt. Unter diesem Erdhügel versteckt sich etwas, womit ich gepfiffen habe. Ein Spaziergänger hat den Gegenstand verloren. Was es war, verrät euch das Lösungswort.“

11 Richtig, das ist der große Brombeerstrauch. Neko und Anton hörten genau hin. Und da war das Pfeifen wieder. Anton flüsterte: „Das ist bestimmt ein Vogel. Wir sollten die Eule Dora um Rat fragen.“

12 Das Eichhörnchen Yara ist heute zu beschäftigt für ein neues Abenteuer. Gehe also wieder zurück und suche nach der richtigen Spur. Hier kommst du nicht weiter.

Lesespur: ◯ ◯ ◯ ◯ ◯ ◯ ◯ ◯

Entschlüsseltes Lösungswort: ....

Name

Datum

Das Geräusch im Brombeerstrauch (1/2)

Neko, der kleine Fuchs, streifte gern durch die Wiesen und Sträucher am Waldesrand und blickte hinaus auf die großen Felder. Hier konnte er Verstecken spielen oder mit anderen Tieren Wettrennen veranstalten. Oft schnupperte er an Baumstämmen, zwischen den trockenen Blättern oder an den vielen duftenden Sträuchern. Häufig saßen Vögel auf den dünnen Ästen und ließen sich die herrlichen Früchte schmecken. Doch an diesem Tag erweckte etwas anderes die Aufmerksamkeit des kleinen Fuchses ...

Versuche, die richtige Geschichte zu verfolgen. Beginne bei 1, zu lesen.

1 Neko wollte sich gerade auf den Weg zu seinem Fuchsbau machen, als er ein merkwürdiges Geräusch hörte, das aus einem der Brombeersträucher zu kommen schien. Doch durch die Blätter und die dicken, dunklen Brombeeren konnte er nichts erkennen. Nicht weit von ihm entdeckte er das kleine Reh Juna und lief zu ihm.

2 Nun traute sich Neko und schaute unter den Blättern hindurch, direkt ins Gesicht der kleinen Maus. Die lächelte schief und klopfte mit ihrem rechten Hinterfuß noch unauffällig etwas Erde auf einem kleinen Häufchen fest. Sofort wollten alle wissen, was sie unter dem Erdhügel versteckte.

3 Der kleine Fuchs rannte los und fand bald den Hasen Anton. Der wollte gerade in eine Löwenzahnblüte beißen, als Neko ihn überraschte. Erschrocken biss Anton daneben und schaute den Fuchs verdutzt an: „Hey! Was ist denn mit dir los?" Neko schnappte sich Anton und sie liefen zum großen Brombeerstrauch zurück.

4 Die beiden Tierkinder liefen hinüber zu der großen Tanne, in der die Eule Dora saß. Sie blickte auf Neko und Anton herab, die ihr alles erzählten. „Es gibt keine geheimnisvoll pfeifenden Vögel im Brombeerstrauch", lachte Dora. „Wenn ihr euch nicht traut, fragt doch die Ameisen, ob sie einmal unauffällig für euch nachsehen."

5 Am Waldrand wuchsen viele Beerensträucher und auch an diesem hier wuchsen viele leckere Früchte, die sich die Tiere des Waldes schmecken lassen konnten. Doch wenn man genau hinsieht, kann man Himbeeren erkennen. Dies ist also kein Brombeerstrauch, gehe zurück und suche woanders weiter.

Das Geräusch im Brombeerstrauch (2/2)

6 Das braune Tier ließ sich gerade ein paar Himbeeren schmecken. „Hast du auch eben dieses komische Geräusch gehört?“, fragte Neko Juna, das Reh. „Es kam aus dem Brombeerstrauch und hörte sich an wie ein Pfeifen.“ Juna schüttelte den Kopf. „Ich habe nichts gehört. Frage doch einmal den Hasen Anton. Mit seinen langen Ohren hört er sicher alles.“

7 Das stachelige Tier blickte verwundert auf. Der kleine Igel Arlo hatte mitbekommen, wie Neko hin und her geflitzt war. Doch er konnte sich gerade nicht darum kümmern. Suche woanders weiter.

8 Dieser Vogel kennt sicherlich alle anderen Vögel, die in diesem Wald wohnen. Doch du bist zu Buntspecht Fritz gelaufen, der ist viel zu beschäftigt. Lies noch einmal genau nach.

9 Neko und Anton nahmen den Tipp dankend an und flitzten schnell zu den Ameisen hinüber. Als die beiden Tierkinder den Ameisen von dem rätselhaften Geräusch erzählten, krabbelten diese tatsächlich los und entdeckten eine kleine Maus, die sich unter den Blättern des Strauches versteckte.

10 „Gut, gut!“, lachte die Maus. „Ihr habt mein Geheimnis entdeckt. Unter diesem Erdhügel versteckt sich etwas, das ein Spaziergänger verloren hat. Ich habe es gefunden und damit das Geräusch gemacht. Womit ich gepfiffen habe, verrät euch das Lösungswort.“

11 Am Brombeerstrauch angekommen, spitzten Neko und Anton die Ohren. Und da war es wieder. Ein Pfeifen, mal leiser und dann wieder lauter. „Vielleicht ist es ein wirklich komischer Vogel“, überlegte Anton. „Wir sollten die Eule Dora fragen, welche Vögel in Brombeersträuchern sitzen und pfeifen.“

12 Dieses kleine Tier ist zwar auch gern bei den Abenteuern von Neko dabei, doch heute ist Yara, das Eichhörnchen, beschäftigt. Suche noch einmal nach der richtigen Spur. Hier kommst du nicht weiter.

Lesespur: ◯ ◯ ◯ ◯ ◯ ◯ ◯ ◯

Entschlüsseltes Lösungswort: ....

Das Geräusch im Brombeerstrauch

Lösungsschlüssel

1	steht für	P
2	steht für	T
3	steht für	N
4	steht für	L
5	steht für	O
6	steht für	A
7	steht für	M
8	steht für	S
9	steht für	Ö
10	steht für	E
11	steht für	F
12	steht für	B

Das Geräusch im Brombeerstrauch

Wörterliste

Wort	Erklärung
Brombeeren	große, schwarze Beeren
Brombeerstrauch	größere Pflanze, an der große, schwarze Beeren wachsen (Brombeeren)
Buntspecht	Vogelart mit langem, spitzem Schnabel
durchstreifen (streifte durch …)	laufen, erkunden
flitzen	schnell laufen
Fuchsbau	Zuhause von Füchsen (Höhle)
Himbeeren	pinke Beeren
Häufchen	kleiner Haufen
Löwenzahn	kleine Pflanze, die Hasen gern fressen
Ohren spitzen	genau hinhören
schnuppern	stark an etwas riechen
Tanne	Baumart
verdutzt	überrascht

Das Geräusch im Brombeerstrauch

Fragen für schnelle Füchse

1. Was hat das Geräusch im Brombeerstrauch verursacht?

....

....

....

2. Welche Vermutung hat Hase Anton, woher das Geräusch im Strauch kommt?

....

....

....

3. Welches Tier schickt Fuchs Neko und Hase Anton zu den Ameisen?

....

....

....

4. Welche Waldtiere helfen Neko?

....

....

....

5. Wo versteckt die Maus ihr Geheimnis?

....

....

....

6. Warum schaut Neko nicht einfach selbst im Brombeerstrauch nach?

....

....

....

Name

Datum

Wer stapft da durch den Wald? (1/2)

Versuche, die richtige Geschichte zu verfolgen.
Beginne bei 1, zu lesen.

1 Der kleine Fuchs Neko hörte das Eichhörnchen Yara rufen: „Da wurde einfach ein großer **Müllbeutel** ins Gras geworfen!"

2 Neko entdeckte den Unruhestifter mit der **Kappe** und der **Jacke mit Punkten**. Dieser stellte seinen **Korb mit Himbeeren** auf den Boden.

3 Der **Buntspecht Fritz** rief: „Jemand hat an meinem Baum gerüttelt und Äste abgeknickt! Frage den **Hasen Anton**, er weiß noch mehr."

4 Diese kleine Schnecke hat nichts gesehen. Lies noch einmal genau und gehe zurück.

5 Du hast den **Müllbeutel** gefunden. Nun hörte Neko die Ameisen: „Jemand hat ein Loch in unseren **Ameisenhaufen** gerissen!"

6 Du hast den **Korb mit den Himbeeren** gefunden. Es tat dem Jungen leid. Er wollte nur ein Abenteurer sein. Wer sich immer an die Regeln im Wald halten sollte, sagt dir das Lösungswort.

Wer stapft da durch den Wald? (2/2)

7 Dieses Menschenkind ist nicht gesucht.
Gehe zurück, hier bist du leider falsch.

8 Der kleine Fuchs starrte auf das große Loch im **Ameisenhaufen**. Da entdeckte Neko auf einer Kiefer den **Buntspecht Fritz**.

9 Das kleine **Reh Juna** sagte: „Alle Himbeeren sind weg! Der Dieb trägt eine **Kappe** und eine **Jacke mit Punkten** darauf."

10 Die Eule Dora hat geschlafen.
Gehe zurück und lies noch einmal genau.

11 Du hast den **Hasen Anton** gefunden, toll!
Er sagte: „Jemand hat die Äste von Igel Arlo geklaut und damit ein Feuer gemacht. **Juna**, **das kleine Reh**, kann dir noch mehr erzählen."

12 Igel Arlo will erst einmal mit niemandem reden.
Gehe zurück.

Lesespur: ○ ○ ○ ○ ○ ○ ○ ○

Entschlüsseltes Lösungswort: ....

Name

Datum

Wer stapft da durch den Wald? (1/2)

Neko, der kleine Fuchs, liebte seinen schönen Wald mit allen Tieren und Pflanzen darin. Doch nicht nur für die Tiere des Waldes war dies ein beliebter Ort. Manchmal beobachtete der kleine Fuchs auch Menschen, die durch den Wald spazierten. Die Menschenkinder rannten fröhlich herum. Doch heute war Neko auf der Spur eines ganz anderen Waldbesuchers …

Versuche, die richtige Geschichte zu verfolgen. Beginne bei 1, zu lesen.

1 Der kleine Fuchs Neko huschte wieder einmal durch den Wald und hörte das Eichhörnchen Yara weinen: „Dort wurde einfach ein großer Müllbeutel ins Gras geworfen!"

2 Leise schlich Neko hinter dem Kind mit Kappe und der Jacke mit Punkten hinterher. Er rief: „Hey, kennst du denn nicht unsere Waldregeln?" Das Menschenkind stellte erschrocken sein Körbchen mit Himbeeren auf den Boden.

3 Der Buntspecht Fritz war außer sich und rief: „Jemand hat an meinem Baum gerüttelt und Äste abgeknickt! Neko, du musst diesen Störenfried unbedingt finden. Frag den Hasen Anton, er weiß noch mehr."

4 Diese Schnecke hier ist zu klein. Sie hat nichts gesehen und wurde zum Glück auch nicht geärgert. Lies noch einmal genau und gehe zurück.

5 Als Neko am Müllbeutel angekommen war, hörte er die Ameisen auf dem Waldboden schimpfen: „Jemand hat laut geschrien und noch dazu ein Loch in unseren Ameisenhaufen gerissen! Schau nur!"

Wer stapft da durch den Wald? (2/2)

6 Du hast das Körbchen mit den Himbeeren gefunden. Der Störenfried blickte verlegen auf den Boden: „Oh, ich wollte nur ein bisschen Abenteurer spielen … Es tut mir leid!“ Wer sich immer an die Regeln im Wald halten sollte, sagt dir das Lösungswort.

7 Dieses Menschenkind hat wohl auch den Waldweg verlassen und ist durch das Unterholz gestapft. Doch es ist nicht das gesuchte Kind. Gehe zurück, hier bist du nicht richtig.

8 Der kleine Fuchs starrte auf das große Loch im Ameisenhaufen. Die Ameisen waren fleißig dabei, alles zu reparieren. Da entdeckte Neko den Buntspecht Fritz, der auf einer großen Kiefer saß.

9 Schnell flitzte Neko zu dem kleinen Reh Juna. Juna sagte: „Jemand hat einfach alle Himbeeren gepflückt. Ich weiß, dass der Unruhestifter eine Kappe und eine Jacke mit Punkten darauf trägt.“

10 Die Eule Dora schläft leider tagsüber oft und hat den Waldbesucher nicht bemerkt. Gehe zurück und lies noch einmal genau.

11 Der Hase Anton sah nicht glücklich aus. Du hast ihn gefunden, toll! „Auf unserer Lichtung hat jemand ein Feuer gemacht“, seufzte Anton. „Dafür brauchte er Holz und hat die Äste von Igel Arlo geklaut. Juna, das kleine Reh, kann dir noch mehr erzählen.“

12 Igel Arlo hat es gerade nicht leicht und will erst einmal mit niemandem reden. Gehe zurück und lies noch mal genau. Hier bist du auf der falschen Spur.

Lesespur: ○ ○ ○ ○ ○ ○ ○ ○

Entschlüsseltes Lösungswort: ....

Name .... Datum ....

Wer stapft da durch den Wald? (1/2)

Neko, der kleine Fuchs, liebte seinen schönen Wald mit allen Tieren und Pflanzen darin. Ob bei Sonne, Regen oder Schnee, für Neko war der Wald der schönste Platz auf Erden.
Doch nicht nur für die Tiere des Waldes war dies ein beliebter Ort. Manchmal beobachtete der kleine Fuchs auch Menschen, die durch den Wald spazierten: mit großen Rucksäcken, Trinkflaschen in der Hand oder ihren aufgeregten Hunden an der Leine.
Doch heute war Neko auf der Spur eines ganz anderen Waldbesuchers …

Versuche, die richtige Geschichte zu verfolgen. Beginne bei 1, zu lesen.

1 Der kleine Fuchs Neko huschte wieder einmal durch den Wald und hörte auf einmal ein leises Schluchzen. Als er näher trat, erkannte er das Eichhörnchen Yara, das gar nicht glücklich aussah. „Was ist denn los?", fragte der kleine Fuchs. Yara murmelte schluchzend: „Dort wurde einfach ein großer Müllbeutel ins Gras geworfen!"

2 Auf leisen Pfoten schlich Neko hinter dem Kind mit Kappe und der Jacke mit Punkten hinterher. Er rief: „Hallo, Menschenkind, kennst du nicht unsere Waldregeln? Wir haben gern Besuch hier, aber du musst auch auf uns achten." Der Junge stellte erschrocken sein Körbchen mit Himbeeren auf den Boden.

3 Der Buntspecht Fritz war außer sich und rief: „Ich glaube es ja selbst kaum, doch gerade rüttelte jemand an meinem Baum und knickte viele Äste dabei ab. Neko, du musst diesen Störenfried unbedingt finden. Frag den Hasen Anton, er weiß noch mehr."

4 Dieses kleine Tier wollte Neko gern helfen. Doch die Schnecke hier ist zu klein, sie hat nichts gesehen und wurde zum Glück auch nicht geärgert. Lies noch einmal genau und gehe zurück.

5 Das musste sich Neko genauer ansehen. Als er an dem riesigen, stinkenden Müllbeutel angekommen war, hörte er die Ameisen auf dem Waldboden schimpfen: „Nicht nur das ist geschehen! Es war lautes Geschrei zu hören. Außerdem hat jemand ein riesiges Loch in unseren Ameisenhaufen gerissen! Schau ihn dir an."

Wer stapft da durch den Wald? (2/2)

6 Das Körbchen mit den Himbeeren stand nun neben dem Jungen. Der blickte verlegen auf den Boden: „Oh, ich war bloß so neugierig und wollte ein bisschen Abenteurer spielen ... Es tut mir leid!" Toll, du bist ein echt schlauer Fuchs! Wer sich immer an die Regeln im Wald halten sollte, sagt dir das Lösungswort.

7 Dieses Menschenkind hat wohl auch den Waldweg verlassen und ist durch das Unterholz gestapft. Doch es hat keine Kappe auf und eine Jacke mit Punkten fehlt auch. Gehe zurück, hier bist du nicht richtig.

8 Neko traute seinen Augen kaum, als er auf das große Loch im Ameisenhaufen starrte. Da hatte jemand ein großes Unwesen getrieben! Die Ameisen waren fleißig dabei, alles zu reparieren, als Neko die nächste Beschwerde zu hören bekam. Er blickte auf und sah den Buntspecht Fritz auf einer großen Kiefer sitzen.

9 Es war doch nicht zu glauben, da kannte wohl jemand keine einzige Regel des Waldes. Schnell flitzte Neko zu dem kleinen Reh Juna. „Ich wollte heute ein paar Himbeeren fressen, als ich bemerkte, dass jemand bereits alle gepflückt hatte. Ich habe den Unruhestifter gerade noch gesehen: Er trägt eine Kappe und eine Jacke mit Punkten darauf."

10 Dieser Vogel hatte Neko schon häufig weitergeholfen. Doch die Eule Dora schläft leider tagsüber oft und hat den Waldbesucher nicht bemerkt. Gehe zurück und lies noch einmal genau.

11 Die großen Ohren des Hasen Anton hingen schlapp herab und auch er sah nicht glücklich aus. „Du wirst es nicht glauben", seufzte Anton. „Auf unserer Lichtung hat jemand ein Feuer gemacht. Dafür brauchte er Holz und hat die Äste geklaut, die Igel Arlo gesammelt hatte. Juna, das kleine Reh, kann dir noch mehr erzählen."

12 Igel Arlo hat es nicht leicht. Der Waldbesucher hat all seine gesammelten Äste einfach gestohlen. Aber Arlo will erst mal mit niemandem reden. Gehe zurück und lies noch mal genau.

Lesespur: ○ ○ ○ ○ ○ ○ ○ ○

Entschlüsseltes Lösungswort: ....

Wer stapft da durch den Wald?

Lösungsschlüssel

1	steht für	M
2	steht für	E
3	steht für	S
4	steht für	A
5	steht für	E
6	steht für	N
7	steht für	U
8	steht für	N
9	steht für	H
10	steht für	I
11	steht für	C
12	steht für	P

Wer stapft da durch den Wald?

Wörterliste

Wort	**Erklärung**
Ameisenhaufen	Haus von Ameisen
außer sich sein	aufgeregt, sauer sein
Buntspecht	Vogelart mit langem, spitzem Schnabel
flitzen	schnell laufen
Himbeeren	pinke Beeren
huschen	schnell und leise laufen
Kiefer	Baumart
Lichtung	Wiese mitten im Wald
reparieren	etwas wieder ganz / heil machen
schluchzen	traurig sein, weinen
stapfen (gestapft)	laut laufen
Störenfried, Unruhestifter	jemand, der die Ruhe stört
Unterholz	Waldboden
Unwesen treiben	schlechte Dinge tun
verlegen	schüchtern

Wer stapft da durch den Wald?

Fragen für schnelle Füchse

1. Was hat das Eichhörnchen Yara beobachtet?

....

....

2. Warum ist der Buntspecht Fritz verärgert?

....

....

3. Worüber beschweren sich die Ameisen?

....

....

4. Wie beschreibt das kleine Reh Juna den Himbeerdieb?

....

....

5. Wie heißt der Baum, auf dem Buntspecht Fritz sitzt?

....

6. Wovon berichtet der Hase Anton?

....

....

....

Name .... Datum ....

Die große Krötenwanderung (1/2)

**Versuche, die richtige Geschichte zu verfolgen.
Beginne bei 1, zu lesen.**

1 Das kleine Wildschwein Henry stupste mit seiner Nase eine **dicke Kröte** an, die im Laub unter einem Blatt geschlafen hatte.

2 Auf dieser Tanne sitzt kein Vogel. Gehe noch einmal zurück und suche nach Eule Dora.

3 Du hast den **kleinen Fuchs Neko** gefunden. Er wollte den Kröten helfen. Sie mussten über den Weg zu ihrem Tümpel gelangen, um Eier zu legen. Die **Eule Dora** hatte von der großen Tanne aus den besten Überblick.

4 Die Maus kann den Tierkindern nicht am großen Weg helfen, sie ist ja selbst ganz klein. Lies noch einmal genau.

5 Das ist der Tümpel. Doch du musst noch einmal genau lesen: Du solltest die kleine Kröte finden. Gehe noch einmal zurück.

6 Du hast die **dicke Kröte** gefunden, super! „Wo sind deine Freundinnen und Freunde?", fragte Henry. Die dicke Kröte deutete auf den **großen Weg**.

Die große Krötenwanderung (2/2)

7 Du hast die **kleine Kröte** gefunden.
Plötzlich liefen zwei Pferde auf den Waldweg.
Juna, **das kleine Reh**, rief laut: „Anhalten!!"

8 **Yara**, **das kleine Eichhörnchen**, piepste freudig:
„Bahn frei!" Bald war die erste **kleine Kröte**
am Tümpel angekommen und sprang
in das kühle Wasser hinein.

9 Du hast den **großen Weg** gefunden.
Am Wegesrand wartete bereits der **kleine Fuchs Neko**.

10 Das ist **Juna**, **das kleine Reh** – prima!
Die Pferde hielten rechtzeitig an. Alle waren froh.
Wie die Krötenkinder heißen, die aus den Eiern
schlüpfen, verrät dir das Lösungswort.

11 Das sind zwei schöne Pferde. Aber du solltest
das kleine Reh Juna finden. Gehe noch einmal zurück
und lies genau nach.

12 Richtig, die **Eule Dora** konnte gut erkennen,
ob sich der Förster oder ein großes Pferd näherten.
Auch **Yara**, **das kleine Eichhörnchen**,
war am Wegesrand angekommen.

Lesespur: ○○○○○○○○

Entschlüsseltes Lösungswort: ....

Name

Datum

Die große Krötenwanderung (1/2)

Neko und die anderen Waldtiere hatten einen kalten Winter hinter sich. Doch nun kam endlich der Frühling und der brachte viele Tiere dazu, wieder wach zu werden. Kleine Mäuse und fleißige Ameisen, Schnecken und Salamander waren ständig unterwegs. Doch ein Tier hatte eine ganz besondere Reise vor sich …

Versuche, die richtige Geschichte zu verfolgen. Beginne bei 1, zu lesen.

1 Das Wildschwein Henry suchte im Laub nach Eicheln und Wurzeln. „Entschuldige mal, quak!“, rief da eine dicke Kröte, die bis eben noch geschlafen hatte.

2 Dies ist eine Tanne, aber darauf sitzt leider keine Eule Dora. Gehe noch einmal zurück und suche nach Eule Dora.

3 Du hast den kleinen Fuchs Neko gefunden, toll! Die Kröten wanderten heute zu ihrem Tümpel unter den Birken. Dort wollten sie ihre Eier ablegen. Die Eule Dora hatte von der großen Tanne aus alles bestens im Blick.

4 Diese Maus kann den Tierkindern nicht am großen Weg helfen, sie ist ja selbst ganz klein. Lies noch einmal genau.

5 Das ist der Tümpel unter den Birken, von dem alle sprechen. Er ist umgeben von Schilf und Gras. Doch du musst noch einmal genau lesen, denn du solltest die kleine Kröte finden.

6 Du hast die dicke Kröte gefunden, super! „Tut mir leid, ich habe dich nicht gesehen“, grunzte das kleine Wildschwein. „Aber was machst du denn hier? Wo sind deine Freundinnen und Freunde?“ Die dicke Kröte deutete auf den großen Weg.

Die große Krötenwanderung (2/2)

7 „Ach, das ist doch herrlich im Wasser", quakte die kleine Kröte – du hast sie gefunden! Doch da kamen plötzlich zwei Pferde. Juna, das kleine Reh, rief ihnen laut „Anhalten!!" entgegen.

8 Yara, das kleine Eichhörnchen, schaute nach links und nach rechts und piepste freudig: „Bahn frei!" Bald war die erste kleine Kröte am Tümpel angekommen.

9 Du hast den großen Weg gefunden. Hier fuhr der Förster oft mit seinem Auto entlang oder Pferde trabten vorbei. Am Wegesrand wartete bereits der kleine Fuchs Neko.

10 Das ist Juna, das kleine Reh, prima! Die Pferde hielten gerade rechtzeitig an und alle waren erleichtert. Die Kröten kamen sicher an. Wie die kleinen Krötenkinder heißen, die aus den Eiern im Tümpel schlüpfen, verrät dir das Lösungswort.

11 Das sind zwei schöne Pferde. Doch du solltest es bei Juna versuchen, sie hat alles unter Kontrolle. Gehe noch einmal zurück und lies genau nach.

12 Du bist hier richtig: Dort oben auf dem höchsten Ast konnte die Eule Dora gut erkennen, ob sich jemand näherte. „Huhuuu, der Weg ist frei", rief sie. Auch Yara, das kleine Eichhörnchen, war am Wegesrand angekommen.

Lesespur: ○ ○ ○ ○ ○ ○ ○ ○

Entschlüsseltes Lösungswort: ....

Name .... Datum ....

Die große Krötenwanderung (1/2)

Neko und seine Tierfreundinnen und -freunde aus dem Wald hatten einen kalten Winter hinter sich. Wochenlang lag eine weiße Schneedecke auf dem Waldboden. Doch nun kam endlich der Frühling und brachte viele Tiere dazu, wieder wach zu werden und durch das frische Moos und die knackenden Äste auf dem Waldboden zu huschen. Kleine Mäuse und fleißige Ameisen, Schnecken und Salamander waren ständig unterwegs. Doch ein Tier hatte eine ganz besondere Reise vor sich …

Versuche, die richtige Geschichte zu verfolgen. Beginne bei 1, zu lesen.

1. Das kleine Wildschwein Henry suchte gerade im Laub nach Eicheln oder leckeren Wurzeln. Doch heute fand es etwas anderes. „Entschuldige mal, quak!", rief die dicke Kröte, die bis eben noch unter den Blättern geschlafen hatte.

2. Du hast eine Tanne gefunden. Doch darauf sitzt keine Eule Dora – die sitzt lieber auf ihrer Lieblingstanne am Wegesrand. Gehe noch einmal zurück, hier bist du falsch.

3. Der kleine Fuchs Neko war schon sehr aufgeregt. Die Kröten wanderten heute über den Waldweg zu ihrem Tümpel unter den Birken. Dort waren sie selbst als Kinder schon gewesen und wollten nun zum Eierlegen zurück. Die Eule Dora hatte von der großen Tanne aus alles bestens im Blick.

4. Diese kleine Maus wäscht sich gern im Tümpel. Doch sie kann den Tierkindern heute nicht am Weg helfen, sie ist ja selbst ganz klein. Lies noch einmal genau.

5. Das ist der Tümpel unter den Birken, von dem alle sprechen. Er ist umgeben von Schilf und Gras, sodass die Kröten gut geschützt sind. Doch du musst noch einmal genau lesen, denn du solltest die kleine Kröte finden.

6. Das rundliche Tier schaute Henry empört an. Du hast die dicke Kröte gefunden! „Tut mir leid, ich habe dich nicht gesehen", grunzte das kleine Wildschwein. „Aber was machst du überhaupt hier und wo sind deine Freundinnen und Freunde?" Die dicke Kröte deutete auf den großen Weg, der mitten durch den Wald führte.

Die große Krötenwanderung (2/2)

7 „Ach, das ist doch herrlich", quakte die kleine Kröte. „Hier werden sich die kleinen Krötenkinder wohlfühlen!" Doch da war plötzlich Getrampel zu hören und zwei Pferde kamen den Waldweg entlang. Juna, das kleine Reh, rief ihnen, so laut es konnte, „Anhalten!!" entgegen.

8 Jedes Jahr im Frühling halfen die Tiere den Kröten auf ihrem gefährlichen Weg. Yara, das kleine Eichhörnchen, schaute nach links und rechts und piepste freudig: „Bahn frei!" Schon überquerten die ersten Kröten den Waldweg. Bald war die erste kleine Kröte am Tümpel angekommen und sprang ins Wasser.

9 Hier führte der große Weg durch den Wald, du hast ihn gefunden. Manchmal fuhr der Förster mit seinem Auto dort entlang oder Pferde trabten vorbei. Dann bebte manchmal sogar der Ameisenhaufen. Am Wegesrand wartete bereits der kleine Fuchs Neko.

10 Das braune Tier machte große Augen. Du hast Juna, das kleine Reh, gefunden! Die Pferde hatten Juna gehört und hielten gerade rechtzeitig an, sodass auch die letzte Kröte sicher zum Tümpel gelangte. Wie die kleinen Krötenkinder heißen, die aus den Eiern im Tümpel schlüpfen, verrät dir das Lösungswort.

11 Diese starken Tiere kamen schnell heran. Sie hatten große Hufe und konnten den Kröten gefährlich werden. Doch hier bist du falsch. Du solltest es bei Juna versuchen, sie hat alles unter Kontrolle.

12 Dort oben auf dem höchsten Ast konnte die Eule Dora gut erkennen, ob sich der Förster oder ein großes Pferd näherten. Du bist hier richtig. „Huhuuu, der Weg ist frei", rief sie zu den anderen Tieren hinunter. Auch Yara, das kleine Eichhörnchen, war am Wegesrand angekommen.

Lesespur: ○ ○ ○ ○ ○ ○ ○ ○

Entschlüsseltes Lösungswort: ....

Die große Krötenwanderung

Lösungsschlüssel

1	steht für	K
2	steht für	B
3	steht für	QU
4	steht für	I
5	steht für	H
6	steht für	AU
7	steht für	P
8	steht für	P
9	steht für	L
10	steht für	E
11	steht für	D
12	steht für	A

Die große Krötenwanderung

Wörterliste

Wort	Erklärung
Ameisenhaufen	Haus von Ameisen
beben	wackeln
Birke	Baumart mit weißem Baumstamm
Eicheln	Früchte von der Eiche (Baum) 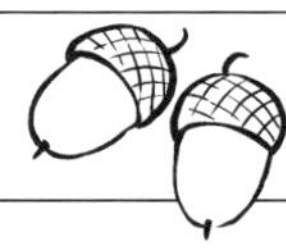
empört	sauer, wütend
Förster/Försterin	Mensch, der sich um den Wald kümmert
huschen	schnell und leise laufen
Kröte	Tier, das einem Frosch ähnelt
Laub	Blätter von Bäumen (auf dem Boden)
Moos	grüne, weiche Pflanze am Waldboden/an Bäumen
Salamander	kleines Tier mit langem Körper und Schwanz
Schilf	langes Gras am Wasser
Tanne	Baumart
Tümpel	kleiner Teich
Wurzeln	wachsen unter der Erde an Bäumen

Die große Krötenwanderung

Fragen für schnelle Füchse

1. Wen findet das Wildschwein Henry im Laub?

2. Was haben die Kröten vor?

3. Welche Waldtiere helfen den Kröten?

4. Welche Tiere stören beinahe die Krötenwanderung?

5. Welches Tier hat den besten Überblick und warum?

6.   **Welche Bäume und Pflanzen kommen in der Geschichte vor?**

Lösungen der Lesespuren

Spuren im Wald

Lesespur:	1	4	2	9	10	6	8	12
Entschlüsseltes Lösungswort:	J	a	g	d	h	u	n	d

Das Geräusch im Brombeerstrauch

Lesespur:	1	6	3	11	4	9	2	10
Entschlüsseltes Lösungswort:	P	a	n	f	l	ö	t	e

Wer stapft da durch den Wald?

Lesespur:	1	5	8	3	11	9	2	6
Entschlüsseltes Lösungswort:	M	e	n	s	c	h	e	n

Die große Krötenwanderung

Lesespur:	1	6	9	3	12	8	7	10
Entschlüsseltes Lösungswort:	K	au	l	qu	a	p	p	e

1
2
3
4
5
6
7
8
9
10
11
12

Wer stapft da durch den Wald?

1
2
3
4
5
6
7
8
9
10
11
12

1
2
3
4
5
6
7
8
9
10
11
12

1
2
3
4
5
6
7
8
9
10
11
12

1
2
3
4
5
6
7
8
9
10
11
12

Wer stapft da durch den Wald?

12
2
11
10
1
6
3
8
4
5
7
9

Die große Krötenwanderung